LETTRES

ADRESSÉES

A MM. LES MEMBRES DE LA COMMISSION

DE PERMANENCE

DE L'ASSEMBLÉE NATIONALE

A VERSAILLES

PAR

CONSTANT BEUCHOT

DIJON
IMPRIMERIE J.-E. RABUTOT, PLACE SAINT-JEAN

—

1871

A MES CHERS COMPATRIOTES

Malgré mes revers de fortune dans cette excellente Bourgogne que j'aime toujours, je ne veux pas quitter l'ancienne capitale de cette province dans laquelle s'est écoulée ma laborieuse jeunesse, et où je viens de passer quelques heureux instants, sans vous donner connaissance, en les recommandant à votre patriotisme, des lettres des 5, 8, 10, 12, 15 et 19 novembre courant, qu'après tant de désastres j'ai cru devoir adresser aux membres de la Commission de permanence de l'Assemblée nationale.

Veuillez agréer, mes chers Compatriotes, l'assurance de ma sincère affection.

CONSTANT BEUCHOT,
Auteur du projet des Docks de Bourgogne.

Dijon, ce 25 novembre 1871.

A MM. LES MEMBRES DE LA COMMISSION

DE PERMANENCE

DE L'ASSEMBLÉE NATIONALE

I

Paris, le 5 novembre 1871.

Messieurs,

Si les hommes qui sont appelés à gouverner leurs semblables pouvaient ne jamais oublier qu'ils sont mortels, la justice régnerait en souveraine et l'humanité n'aurait pas tant à souffrir.

Il faudrait donc pouvoir couper le mal dans sa racine.

C'est pourquoi, Messieurs, le soussigné Constant Beuchot, demeurant à Paris, 167, rue Montmartre, en sa qualité de membre de la souveraineté nationale, a l'honneur de vous soumettre, pour la transmettre à l'appréciation de l'Assemblée nationale, la proposition suivante :

« Considérant que le salut de la France dépend de l'union qui fait la force ;

« Considérant que les divers partis pour la République ou pour la Monarchie sont des causes de division ;

« Considérant que la situation provisoire du gouvernement actuel est une cause de faiblesse, et qu'il importe de rendre ce gouvernement définitif;

« L'Assemblée nationale décide :

« 1° Le gouvernement de la France prendra la dénomination de *gouvernement français*.

« 2° Les membres des Conseils municipaux seront élus pour cinq ans par le suffrage universel.

« 3° Les membres des Conseils généraux seront élus pour cinq ans par les membres des Conseils municipaux.

« 4° Les membres du Corps législatif seront élus pour cinq ans par les membres des Conseils généraux.

« 5° Le chef ou président du pouvoir exécutif sera élu pour cinq ans par les membres du Corps législatif. »

Telle est ma proposition et voici ses motifs, en ce qui concerne la réforme électorale.

Les révolutions politiques détruisant tout, seule, l'application rationnelle du suffrage universel peut y porter remède.

Si tous les électeurs se connaissaient et si surtout ils connaissaient les candidats, le suffrage universel, tel qu'il est pratiqué aujourd'hui, aurait sa raison d'être. Malheureusement il n'en est pas ainsi et il n'en sera jamais ainsi, par la raison toute simple qu'on connaît à peine son voisin et qu'on vote pour Pierre comme pour Paul sans savoir ce qu'on fait.

Le suffrage universel, tel qu'il est appliqué, est donc non

seulement une absurdité, mais l'instrument révolutionnaire le plus redoutable.

Cependant il n'en doit pas moins rester ou devenir la base principale de tout édifice politique chez les peuples civilisés, s'il est appliqué, sans cumul, dans la commune seulement pour élire les ?membres des Conseils municipaux qui, plus éclairés, éliront les membres des Conseils généraux, lesquels, encore plus éclairés, éliront les membres du Corps législatif, lesquels, enfin, encore plus éclairés, éliront le chef ou président du pouvoir exécutif comme couronnement de l'édifice, c'est-à-dire de cette pyramide politique vivante qui, entretenue et restaurée tous les cinq ans, sera plus durable que les pyramides d'Egypte.

II

Paris, le 6 novembre 1871.

Messieurs,

Par ma lettre du 5 courant, j'ai eu l'honneur de vous faire connaître ma proposition politique.

Aujourd'hui j'ai l'honneur, Messieurs, de vous adresser mes observations sur nos impôts.

Après l'impôt du sang, le premier de tous et rendu obligatoire pour tous les hommes valides sans exception, l'impôt d'argent, si multiplié sous tant de formes, est-il établi équitablement?

Non! cent mille fois non! puisque celui qui n'a par son travail ou par ses rentes que le strict nécessaire pour vivre, contribue dans les charges générales proportionnellement et progressivement tout à la fois, beaucoup plus que celui qui a le superflu.

En voici la preuve :

IMPOT PROPORTIONNEL

Si 4,000 francs de rente ou de salaires (chiffre pris pour base comme étant strictement nécessaire pour vivre) paient 100 francs, 10,000 francs ne paient que 1,000 francs et 100,000 francs ne paient que 10,000 francs.

IMPOT PROGRESSIF

OCTROI DE PARIS

Un hectolitre de vin valant 360 fr.	à 18 fr. de droits paie	5 %
Id.	180	id.	10 %
Id.	72	id.	25 %
Id.	36	id.	50 %
Id.	18	id.	100 %

preuve incontestable que la force prime le droit et la justice à Paris comme à Berlin et que pour ces impôts directs ou indirects, proportionnels ou progressifs, celui qui n'a que le strict nécessaire pour vivre ne peut que souffrir sans jamais pouvoir économiser, tandis que celui qui a le superflu peut toujours s'enrichir.

C'est pourquoi, Messieurs, le soussigné Constant Beuchot a l'honneur de vous prier de soumettre à l'appréciation de l'Assemblée nationale la proposition suivante :

« Considérant que les charges des contribuables ne sont pas établies équitablement ;

« L'Assemblée nationale décide :

« Les impôts directs et indirects seront fixés d'après le principe adopté pour la contribution mobilière de Paris, c'est-à-dire :

« 1° *Rien* pour les locaux d'une valeur inférieure à 400 francs.
« 2° 4 °/₀ pour les loyers de 400 à 599 francs.
« 3° 6 °/₀ id. de 600 à 999
« 4° 8 °/₀ id. de 1,000 à 1,499
« 5° 10 °/₀ id. de 1,500 à 2,499
« 6° 12 °/₀ id. de 2,500 à 3,999
« 7° 14 °/₀ id. de 4,000 et au-dessus. »

III

Paris, le 10 novembre 1871.

Messieurs,

Dans cette époque de désordre, de corruption et de destruction, il ne faut plus de demi-mesures ni de discussions stériles pour sauver notre malheureux pays, ce coin de terre si favorisé pourtant par la nature

C'est pourquoi, Messieurs, j'ai eu l'honneur de vous adresser mes communications des 5 et 8 de ce mois.

C'est pourquoi encore j'ai l'honneur de vous faire aujourd'hui mes observations sur le travail honnête et productif pour tous dont dépend le bien-être moral et matériel.

Puisque le capital ne peut rien sans le travail et que le travail ne peut rien sans le capital, il y a donc sur cette grave question beaucoup à régler, beaucoup à rectifier et à améliorer, comme vient de le déclarer hautement M. Gladstone, et comme j'ai cherché à le démontrer moi-même par mes lettres ci-jointes des 21 février 1866 et 8 janvier 1870 (voir plus loin, pages 18 et 22) aux ministres de l'agriculture, du commerce et des travaux publics, au sujet de l'une des plus grandes questions économiques de nos jours.

C'est pourquoi les hommes qui gouvernent et qui ont, par conséquent, la mission de faire le bien et d'empêcher le mal, devraient se pénétrer de la portée de ces grands mots de *Liberté*, d'*Egalité* et de *Fraternité*, qui n'ont été jusqu'à présent, sous la Monarchie comme sous la République, que l'instrument des révolutions et de la destruction, au lieu d'être celui de la concorde et de la production, Dieu ayant donné à l'homme tout ce dont il a besoin pour son passage ici-bas.

Le soussigné Constant Beuchot, a, en conséquence, l'honneur de vous prier, Messieurs, de soumettre à l'appréciation de l'Assemblée nationale la proposition suivante :

« Considérant que c'est du travail honnête et productif pour tous que dépend le bien-être moral et matériel ;

« Considérant que le travail ne pouvant rien sans le capital et le capital rien sans le travail, il y a beaucoup à régler, beaucoup à rectifier et à améliorer sur cette grave question ;

« L'Assemblée nationale décide :

« Les membres de l'Institut, foyer des lumières, de la science et du génie de la France, sont chargés de faire et présenter à l'Assemblée nationale, pour le 31 décembre 1871, un rapport sur le travail et le capital. »

IV

>« Ce siècle corrompu est affecté sur-
>« tout par deux passions : l'amour de
>« la matière et l'orgueil. Les décou-
>« vertes modernes (excellentes d'ail-
>« leurs) des chemins de fer, des télé-
>« graphes, etc., etc., servent de stimu-
>« lant à s'enrichir. La majeure partie
>« ne pense pas qu'à l'amour des biens
>« présents, c'est sacrifier les biens
>« éternels. » (Pie IX.— Novembre 1871.)

Paris, le 12 novembre 1871.

Messieurs,

Par mes lettres des 5, 8 et 10 du mois courant, j'ai eu l'honneur de vous faire connaître mes propositions sur la loi électorale, sur les impôts, ainsi que sur le travail et le capital.

Aujourd'hui, Messieurs, après une quarantaine d'années d'expérience et de tribulations dans l'industrie des transports par terre, par eau et par chemins de fer, j'ai l'honneur de vous faire connaître, pour la soumettre à l'appréciation de l'Assemblée nationale, ma proposition sur les transports :

« Considérant que le transport à bon marché, c'est l'âme de la production et de la vie à-bon marché ;

« Considérant que les chemins de fer sont impuissants à transporter toutes les marchandises de petite vitesse au prix moyen actuel de 0 fr. 06 cent. (six centimes) par tonne et par kilomètre, tandis que la navigation intérieure peut le faire à 0 fr. 01 c. 5 (un centime et demi), c'est-à-dire avec une économie de 75 °/₀, dans le même délai commercial ;

« Considérant que les gouvernements précédents ont tout fait en faveur des chemins de fer, et que ceux-ci ont tout fait pour anéantir la navigation intérieure ;

« Considérant qu'en voulant absorber le transport de toutes les marchandises sans pouvoir y parvenir, les chemins de fer exposent de plus en plus la vie des voyageurs, par suite de la multiplicité des trains et de l'encombrement des voies et des gares ;

« Considérant que la dépense moyenne d'établissement par kilomètre des chemins de fer, qui était en 1841 de moins de 300,000 francs, s'est accrue constamment et qu'elle dépasse aujourd'hui 450,000 francs, sans doute à cause des intérêts et dividendes pris sur le capital et non sur les produits, et ajoutés au compte de premier établissement ;

« Considérant que la fortune générale de la France, qui était évaluée en 1865 à 216 milliards, est encore aujourd'hui plus que suffisante pour faire face à tous nos désastres et pour relever ce bon, généreux et grand pays, malgré tout ; mais à la condition d'utiliser toutes ses ressources avec autant d'énergie que de sagesse ;

« Considérant que, dans l'ordre économique des transports, les voies de communication peuvent être comparées à une pyramide dont la base est la voie d'eau qui ne s'use jamais et qui est en quelque sorte un port continu, le centre la voie de fer, le sommet la voie de terre, ayant pour couronnement de l'édifice le télégraphe :

« L'Assemblée nationale décide :

« Le sieur Constant Beuchot, titulaire de la première autorisation accordée en France pour l'application définitive de la vapeur aux canaux, actuellement sous-chef aux Messageries nationales de la rue Notre-Dame-des-Victoires, à Paris,

« Est autorisé par l'Assemblée nationale à créer, dans le plus bref délai, une société sous la dénomination de *Compagnie de la navigation intérieure de la France*, ayant pour but :

« 1° L'amélioration et l'achèvement au compte de l'Etat des fleuves, rivières et canaux de la France ;

« 2° Et leur exploitation au compte de ladite Compagnie au moyen de la vapeur, soit par l'application du système perfectionné pour lequel il est breveté sous le n° 69,267, du 10 novembre 1865, lequel a été l'objet d'un rapport favorable de la Société d'encouragement pour l'industrie nationale, en date du 31 octobre 1866, soit par tout autre système qui serait plus avantageux ;

« Aux mêmes conditions financières que celles qui ont été accordées par l'Etat aux chemins de fer. »

V

Paris, le 15 novembre 1871.

Messieurs,

J'ai l'honneur de vous confirmer les pyramidales propositions politiques et économiques, — puisque je les ai comparées à des pyramides, — que j'ai pris la liberté de vous faire par mes lettres des 5, 8, 10 et 12 de ce mois.

Je ne m'étais jamais occupé de politique, mais en présence des événements terribles qui viennent d'affliger mon pays, j'ai cru devoir, dans mon âme et conscience et avec une complète indépendance, apporter une pierre à la réédification de notre infortunée patrie, heureux que je serais si cette pierre pouvait être utile.

En ce qui concerne les transports, je suis prêt à fournir mon volumineux dossier sur cette question. On y verrait :
1° que depuis mon enfance, avant 1830, je faisais fonctionner

avec mes bras un petit monoroue sur la Bèze, entre Drambon et Marandeuil (Côte-d'Or); — 2° que le 2 décembre 1852, je contemplais sans bruit et à son bord l'entrée triomphale du monoroue à vapeur (qui a résolu le problème de l'application de la vapeur aux canaux de petite section) dans le port de l'ancienne capitale de la Bourgogne, en face de mon établissement de transports où j'avais rêvé la solution de cet important problème, et, coïncidence singulière, précisément au moment même où, à Saint-Cloud, on proclamait aux flambeaux la restauration de l'Empire, qui a empiré le mal de la France ; — 3° que le 1er décembre prochain, fête de saint Eloi, patron de l'industrie des transports, mes tribulations se termineront à Saint-Denis (Seine) par la vente forcée, au nom du président de la République française, du petit bateau à vapeur coulé par les Prussiens et qui a servi à mes dernières expériences, comme vous pourrez le voir par la pièce ci-jointe.

Tel est le dossier que je tiens à la disposition des représentants de mon pays sur l'application définitive de la vapeur aux canaux, permettant le transport des marchandises à 75 % au-dessous des chemins de fer dans le même délai commercial. J'ai été à différentes époques encouragé dans cette voie de progrès incontestable par les hommes les plus considérables et les plus puissants de la France; mais je n'ai jamais pu obtenir *un centime* pour mettre à exécution mon projet de navigation intérieure, malgré toutes mes demandes, toutes mes démarches, toutes mes réclamations, toutes mes plaintes, et finalement après avoir sacrifié à cette grande question économique les plus belles années de ma vie, et compromis le patrimoine de mes enfants.

Homme d'initiative, de courage et de persévérance, j'ai

donc soif de justice et je la demande avec confiance à l'Assemblée nationale et au gouvernement actuels, qui ont déjà rendu d'immenses services au pays et qui auront bien mérité de la patrie, en accomplissant pendant leur existence les réformes nécessaires ; car il ne faut pas s'endormir comme Napoléon III à qui j'ai prédit maintes fois sa chute, ni laisser crier davantage dans la rue : « Ce n'était point la peine de changer de maître. »

C'est pourquoi, Messieurs, en finissant, j'ai l'honneur de vous adresser la proposition suivante avec prière de la soumettre à l'appréciation de la Chambre :

« Considérant que quelle que soit la valeur des communications adressées aux corps constitués ou aux fonctionnaires de l'État, il importe qu'il en soit accusé réception à leurs auteurs ;

« L'Assemblée nationale décide :

« Accusé réception doit être fait à qui de droit des communications adressées aux corps constitués ou aux fonctionnaires de l'État. »

VI

Paris, le 19 novembre 1871.

Messieurs,

Par mes communications des 5, 8, 10, 12 et 15 de ce mois, j'ai eu l'honneur de vous exposer qu'il faudrait pouvoir couper le mal dans sa racine, en opérant les réformes indispensables au salut et à la régénération de la France, éprouvée de nos jours par les plus grands actes de barbarie qu'ait jamais présentés son histoire. Rien surtout ne doit être négligé pour lui rendre sa position naturelle si bien décrite par Strabon.

Pour cela, Messieurs, pas n'est besoin pour l'Assemblée nationale de siéger dans le palais des Gloires et des Folies où elle se trouve mal, ni dans celui des Révolutions où elle ne se trouve guère mieux. Il doit lui suffire aujourd'hui, à l'imitation de saint Louis, de délibérer sous le plus vieux chêne gaulois.

Au nombre des réformes, que j'ai l'honneur de proposer, la plus essentielle, c'est de faire revivre le travail honnête et productif, perfectionné par la science, dans toute sa simplicité, et de faire disparaître tous ces établissements soit disant d'utilité publique, privilégiés ou non, qui avec leur *omnium* ont amené le *delirium* de l'agiotage par l'*opium* du parasitisme, de la cave au grenier, d'un bout à l'autre du pays. L'agriculture, l'industrie et le commerce n'ont pas besoin de ces dividendes aussi honteux et scandaleux que fabuleux, qui ont énervé tout le monde. Non, non, non, le salut et la régénération de ma patrie exigent impérieusement l'anéantissement de tous ces temples de spéculation et de corruption.

Dieu veuille exaucer cette dernière prière, que j'adresse aux représentants actuels de mon pays !

J'ai l'honneur d'être, avec le plus profond respect,

Messieurs,

Votre très humble et très obéissant serviteur.

CONSTANT BEUCHOT.

A S. E. le Ministre de l'Agriculture, du Commerce et des Travaux publics.

Paris, le 21 février 1866.

Monsieur le Ministre,

Permettez-moi, Monsieur le Ministre, de vous adresser quelques observations en réponse à la lettre que Votre Excellence m'a fait l'honneur de m'écrire le 17 courant, et qui est ainsi conçue :

« Monsieur, j'ai reçu la lettre que vous m'avez fait l'honneur
« de m'écrire le 1er de ce mois, par laquelle vous appelez mon
« attention sur les services que rendrait à la navigation, aussi
« bien sous le rapport de la vitesse que sous le rapport de
« l'économie, l'application d'un système de bateaux-porteurs
« ayant les moteurs placés à l'arrière et pouvant se séparer à
« volonté du bateau.

« L'appréciation du système dont vous m'entretenez appar-
« tient à l'industrie privée. Mon département ayant toujours fait
« prévaloir le principe de la libre concurrence dans les modes
« de transport, n'a pas de solution à donner aux questions que
« vous traitez dans la lettre que vous m'avez écrite, aussi bien
« que dans celle qui m'a été renvoyée par ordre de l'Empereur,
« et que vous aviez adressée à Sa Majesté le 16 janvier dernier. »

Tant que mon cœur battra, Monsieur le Ministre, il battra, dans mon humble sphère, pour ce que je crois le bien, et tant que je jouirai de mon indépendance et de ma liberté, je ne cesserai de réclamer contre les erreurs, les abus et les injustices que j'ai rencontrés sur le chemin qui m'a été tracé par la Providence.

En ce qui concerne les erreurs :

Pour le progrès en matière de transport comme pour le progrès agricole, il ne suffit pas de dire : « l'hectare de terre — ou « la tonne kilométrique de marchandises — rapporte tant; » il faut pouvoir dire : « l'hectare de terre — ou la tonne kilomé-« trique de marchandises — qui coûte tant, rapporte tant. » (*Moniteur*, 14 février 1866.)

Or, la vérité qui finit toujours par triompher, prouve jusqu'à la dernière évidence que, dans l'intérêt public, la voie d'eau peut transporter dans le même délai commercial une tonne de 1,000 kilogrammes, à une moyenne de 0 fr. 01 c. 50 par kilomètre ; ce que la voie de fer n'a pu transporter sans perte, en 1864, qu'à une moyenne de 0 fr. 06 c. 90 d'après le capital engagé, et de 0 fr. 08 c. 13 d'après le capital au cours factice de la Bourse.

Et puisque, d'après le dernier exposé de la situation de l'Empire, les subventions allouées par l'Etat pour la voie de fer, qui est une industrie privée comme la voie d'eau, montent à 1,455 *millions*, dont une faible partie seulement suffirait pour améliorer, achever et exploiter rationnellement notre réseau navigable comme le commandent les intérêts généraux du pays, je demande que la voie d'eau qui, pour le transport de la masse des marchandises, est plus utile que la voie de fer, soit protégée et favorisée comme elle le mérite.

En ce qui concerne les abus :

« Les plaintes des porteurs de titres ont acquis un caractère « de gravité et d'universalité vraiment lamentable.

« Le commerce et l'industrie s'associent à ces plaintes, en « voyant les ressources qui les alimentaient s'amoindrir et se « perdre au loin dans des opérations sans sécurité pour l'épargne « et sans utilité pour le pays.

« L'agriculture, véritable et féconde nourrice de la France, « voit les bras et les capitaux s'éloigner d'elle, faute de pouvoir « payer aux premiers des salaires exagérés, et parce qu'elle est

« impuissante à offrir aux seconds des revenus que la terre ne
« saurait produire.

« Il n'est donc personne dans le monde du travail, parmi les
« innombrables détenteurs de l'épargne, qui, à un degré quel-
« conque, ne déplore la situation actuelle, ne s'inquiète de l'ave-
« nir; et, dans l'exagération factice de la fortune mobilière, qui
« provoque le renchérissement progressif de toutes choses, le
« père de famille voit avec anxiété l'équilibre du budget domes-
« tique devenir de plus en plus difficile.

« Le mal a déjà dépassé la couche des intérêts matériels et
« pénétré au cœur même de la société : le vertige des millions,
« — fruits hâtifs et malsains de l'agiotage, — le dégoût du tra-
« vail réel qui ne conduit que lentement à la fortune, pervertis-
« sant les idées du juste et de l'honnête, entraînent les mœurs
« publiques sur la pente rapide de la décadence.

« Les penseurs indignés s'efforcent en vain de flétrir les ma-
« nieurs d'argent. Les traitants s'emparent de toutes les avenues
« de la publicité, trouvent des philtres pour endormir les scru-
« pules, parviennent à surprendre les consciences, à tromper
« les âmes honnêtes, et, triomphant de toutes les résistances
« amassées, battent monnaie sur la crédulité publique. » (*Journal des Travaux publics*, 28 janvier 1866.)

« Savez-vous, a dit M. Hubert Delisle, sénateur, à la séance
« du Sénat du 10 février 1866, savez-vous combien de milliards
« ont absorbés les travaux des grandes compagnies? 12 à 15
« milliards depuis quelques années, sur lesquels la moitié peut-
« être a passé la frontière! Voulez-vous que je vous dise quelles
« sont les pertes à l'heure qu'il est ? *Un milliard et demi* envi-
« ron... Au moins dans les divers pays où se sont portés ces
« capitaux les tronçons de routes restent, les travaux sont
« acquis; on pourra les reprendre plus tard, on les achèvera...
« Mais qu'est-ce qui vous reste à vous? Vos capitaux sont par-
« tis, vous n'avez même pas l'espérance des ressources exté-
« rieures sous forme de dividendes qui vous rapportaient des
« avantages sérieux... C'est vous qui subissez toutes les pertes...
« Et lorsqu'on annonce avec tant d'éclat les immenses bénéfices

« qu'on doit faire dans ces entreprises qui aspirent les grands
« capitaux, qui vont chercher toutes les épargnes, qui promet-
« tent de si gros dividendes, que trouve-t-on? *Un milliard et
« demi* de pertes? Croyez-le, Messieurs, il y a bien des souf-
« frances et bien des larmes sous ces chiffres! »

C'est pourquoi je demande une réforme salutaire à la loi sur les Sociétés.

Enfin, en ce qui concerne les injustices :

Salomon de Caus et Denis Papin, qui se sont immortalisés par l'invention de la machine à vapeur, sont morts dans la misère.

Le marquis de Jouffroy, qui le premier a appliqué la vapeur à la navigation fluviale, est mort dans la misère !

Burnet qui le premier, en collaboration avec moi, a appliqué utilement la vapeur à la navigation des canaux, est mort dans la misère !

Le même sort me serait-il réservé, comme à tant d'autres ?

C'est pourquoi je demande également la révision de la loi sur les brevets d'invention, le plus noble attribut du département de l'agriculture, du commerce et des travaux publics.

Telles sont, Monsieur le Ministre, les observations que j'avais à adresser à Votre Excellence pour « le maintien intact de la dignité et de l'honneur national » en faveur « du génie civilisateur de la France » comme le veut Sa Majesté l'Empereur.

J'ai l'honneur d'être avec le plus profond respect,

Monsieur le Ministre,

De Votre Excellence

Le très humble et très obéissant serviteur.

CONSTANT BEUCHOT,

Titulaire de la première autorisation accordée en France pour l'application définitive de la vapeur a la navigation des canaux.

A S. E. le Ministre des Travaux publics

Paris, le 8 janvier 1870.

Monsieur le Ministre,

Fulton n'est devenu le grand Fulton que parce qu'après les essais de Papin, du marquis de Jouffroy, etc., il a été le point de départ de l'application définitive de la vapeur à la navigation fluviale et maritime.

Le soussigné, Constant Beuchot, n'est devenu le petit Fulton français, s'il était permis de s'exprimer ainsi, que parce qu'après beaucoup d'essais abandonnés, tant en France qu'à l'Étranger, il est le point de départ de l'application définitive de la vapeur aux canaux, ainsi que le constatent :

1° L'extrait suivant du rapport de l'ingénieur en chef du canal de Bourgogne :

« L'ingénieur en chef du canal de Bourgogne, soussigné, cer-
« tifie que le bateau à vapeur monoroue n° 2, de M. Beuchot, a
« parcouru, le 2 décembre 1852, la portion du canal de Saint-
« Jean-de-Losne à l'écluse n° 58, qui est un peu en aval de Dijon,
« sur une longueur totale de 24,941 mètres, en 491 minutes, de
« neuf heures du matin à cinq heures du soir ; que sur ce
« temps il a été perdu : dans le bief n° 73, pour arrêt. . 15'
«   — n° 65. —   . 20'
« pour l'éclusage de dix-neuf écluses, à raison de 10'
« par écluse. . . . . 190'

« Total du temps perdu. . . . . 225'

« Ainsi, il reste pour le temps employé à la marche. . 266'

« ce qui fait une vitesse de $\frac{24941}{266} = 94^m$ par minute.

« Les biefs étaient au mouillage de 1ᵐ 60 pendant la marche ;
« Le tirant d'eau du bateau, mesuré au repos, était :

	Babord.	Tribord.
« A l'avant	1.320	1.255
« Au milieu	1.345	1.340
« A l'arrière	1.290	1.270

« *Signé :* BAUMGARTNER. »

2° L'extrait suivant de l'autorisation définitive du Ministre de l'agriculture, du commerce et des travaux publics, en date du 3 mars 1854 :

« M. Beuchot, vous m'avez demandé que l'administration
« rendît définitive l'autorisation qui vous a été accordée à titre
« provisoire.....

« Je viens d'accueillir votre demande.....

« Vos bateaux jouiront, jour et nuit, aux ponts, biefs et
« écluses, de la priorité de passage sur tous les bateaux accé-
« lérés et embarcations quelconques..... »

Ce qui probablement m'a fait porter pour la décoration de la Légion d'honneur. (*Lettre du même ministre, en date du* 19 *décembre* 1867.)

Mais, depuis, par une application nouvelle et très heureuse du principe de la division du travail, mon nouveau système, se fondant sur un ensemble de faits dès longtemps acquis à la pratique de la navigation, réalise l'indépendance complète des fonctions des moteurs et des porteurs. Il en résulte que ceux-ci n'étant plus invariablement liés à ceux-là, le matériel et le personnel, tant moteur que porteur, peuvent dès lors être utilisés d'une manière aussi complète que le comportent les conditions mêmes du trafic à desservir, et que par conséquent ce système renferme en lui-même les conditions de la plus grande économie.

Ainsi, par exemple, pour un service spécimen sur les canaux du Nord, entre Valenciennes et l'Oise (166 kilomètres), au lieu de trois bateaux à vapeur ordinaires pour canaux et rivières qui, à 40,000 fr. l'un, coûteraient 120,000 fr., et qui, à cinq hommes pour chacun, exigeraient quinze hommes pour les trois, il ne faut plus qu'un bateau-moteur ou locomotive par eau, de canal, coûtant 12,000 fr. et exigeant quatre hommes, et trois bateaux-porteurs ou wagons qui, à 10,000 fr. l'un, coûteraient 30,000 fr., et qui, à un homme pour chacun, en exigeraient trois ; soit en tout, 42,000 f. et sept hommes pour le même travail.

Chaque train, composé du bateau-moteur et d'un bateau-porteur, éclusant en même temps et marchant jour et nuit, fera sa révolution complète, aller et retour, à une moyenne de trois kilomètres à l'heure, éclusage compris, en cent-dix heures, c'est-à-dire en moins de cinq jours, soit par conséquent soixante voyages par année de trois cents jours de navigation.

Le bateau-moteur fera donc soixante voyages, aller et retour, par an, tandis que chaque bateau-porteur n'en fera que le tiers, puisqu'à chaque voyage il restera dix jours en chargement et déchargement aux extrémités de la ligne d'exploitation.

DÉPENSES PAR AN ET PRIX DE REVIENT.

PERSONNEL.

Quatre hommes à 1,500 fr. en moyenne. . . . . 6,000 fr.

Moteur.
Combustible, à 10 kilogrammes par kilom., par voyage 3,300 kil. à 20 fr. la tonne. 66 fr.
Par voyage : Huile, graisse et autres menus frais. 34
──────
100 fr.

Et pour soixante voyages. 6,000

Intérêt, amortissement et entretien : 15 0/0 sur un capital de 12,000 fr. 1,800
──────
A *reporter*. . . 13,800 fr. 13,800 fr.

	Report.	13,800 fr.
	PERSONNEL.	
Porteurs.	Un conducteur. . . . . 1,500 fr.	
	Intérêt, amortissement et entretien : 10 0/0 sur un capital de 10,000 fr. 1,000	
	2,500	
	Et pour trois porteurs.	7,500
	Total des dépenses par an.	21,300 fr.

soit pour 24,000 tonnes, aller et retour (les bateaux ont le droit de trématage ou priorité de passage jour et nuit, aux ponts, biefs et écluses, sur tous les bateaux accélérés et embarcations quelconques ; mais ce droit serait presque illusoire avec l'encombrement habituel des canaux du Nord, faute de pouvoir se croiser aisément avec les péniches s'ils naviguaient eux-mêmes à pleine charge. En réduisant jusqu'à un certain point le tirant d'eau, 1^m 60 à 1^m 70 au lieu de 1^m 80, on gagne en temps plus qu'on ne perd en charge, 200 tonnes au lieu de 250, par la plus grande facilité de la circulation, la plus grande rapidité de l'éclusage et la meilleure marche en route), soit, dis-je, pour 24,000 tonnes, aller et retour, un prix de revient de 0 fr. 88 c. par tonne, ou 0 fr. 00 c. 53 m., un peu plus d'un demi-centime par tonne et par kilomètre, non compris les droits de navigation qui sont de 0, 00, 5^m 1re classe, et de 0, 00, 2^m 2e classe, par tonne et par kilomètre, ni l'assurance ; prix de revient qui est encore moins élevé en rivière avec une vitesse beaucoup plus grande et qu'il suffit de comparer au prix moyen perçu par le chemin de fer du Nord en 1867, c'est-à-dire : 0, 08, 37, plus de huit centimes et quart par tonne et par kilomètre sur 426,336,046 tonnes de marchandises transportées à un kilomètre ; 0, 03, 54, plus de trois centimes et demi par tonne et par kilomètre sur 378,522,022 tonnes de houille et coke transportées à un kilomètre.

Tel est, Monsieur le Ministre, l'important résultat que présente mon nouveau système, dont un spécimen, conforme au croquis ci-joint, fonctionne entre la Loire et le Rhin par les canaux de petite section du Centre et du Rhône au Rhin, et qui répond à ces citations décisives :

NAVIGATION INTÉRIEURE.

« Les voies d'eau peuvent seules procurer, pour les transports
« des marchandises encombrantes et de peu de valeur, le bon
« marché qui est la première condition du succes dans la lutte
« ouverte avec l'industrie étrangère. » (*Exposé de la situation de
l'Empire*, 1865.)

CHEMINS DE FER.

« Toute diminution de tarif des chemins de fer, qui aurait
« amené une diminution de recettes, aurait eu nécessairement
« pour conséquence d'augmenter le chiffre de la garantie de
« l'État et d'accroître par conséquent les sacrifices à la charge
« du Trésor. » (M. de Forcade, Ministre de l'agriculture, du commerce et des travaux publics. — Corps législatif, séance du 6 juin 1868.) »

« En 1867, le prix moyen était par tonne et par kilomètre
« ainsi qu'il suit :

		F.	C.	M.
« Compagnie du	**Midi**.	0	06	75
—	**Ouest**	0	06	25
—	**Lyon** (nouveau réseau)	0	06	22
—	**Orléans**	0	06	15
—	**Nord**.	0	05	99
—	**Lyon** (ancien réseau).	0	05	74
—	**Est**	0	05	65

« Le résultat d'une réduction de tarif inconsidérée, même
« pour de faibles différences de prix, ne serait pas compensé
« par l'augmentation des quantités de marchandises à transpor-
« ter, laquelle est limitée étroitement par la puissance productive
« de l'industrie, et une semblable réduction suffirait pour

« amener la ruine des entreprises de chemins de fer. » (M. Baude, Vice-Président de la Société d'encouragement pour l'industrie nationale. — Séance du 23 octobre 1868.)

EN RÉSUMÉ :

Sans l'invention de la locomotive, les chemins de fer, qui ont apporté en France une économie d'environ un milliard par an sur le transport des marchandises, n'existeraient pas.

Sans l'invention de la locomotive par eau, susceptible, comme celle des chemins de fer, de grands perfectionnements, la navigation intérieure ne pouvait offrir à son tour la célérité, la régularité et l'économie tout à la fois, c'est-à-dire le transport des marchandises à 75 0/0 au-dessous des chemins de fer dans le même délai commercial.

Cette dernière invention est donc de la plus haute importance, puisque le transport à bon marché est par excellence la vie à bon marché.

Malheureusement, en France, on n'est pas suffisamment pénétré de ce que « le premier besoin, le premier devoir de tout
« peuple qui veut devenir ou rester grand et fort, est d'encou-
« rager le travail dans toutes ses applications, de lui ouvrir ou
« de lui faciliter la voie du progrès dans toutes les branches de
« l'industrie humaine, de favoriser par ses protections, de pro-
« voquer par ses récompenses, les efforts et les découvertes de
« ses savants, de ses artistes, de ses ouvriers, de marcher sans
« cesse au perfectionnement de ses produits ou à la conquête
« de produits nouveaux, de rechercher des procédés industriels
« plus puissants, plus faciles, plus prompts, plus économiques,
« de multiplier enfin ses objets de consommation et ses moyens
« d'échange, ce double élément de la prospérité des nations »
(Rapport à la Chambre des députés sur la loi des brevets d'invention, 1844), puisque cette grande question de l'application de la vapeur aux canaux et rivières, connue et comprise depuis si longtemps, aussi bien par l'Empereur que par ses ministres, aussi bien par le Sénat et le Corps législatif que par e Conseil d'Etat, aussi bien par les Conseils généraux que par

les Chambres de commerce, aussi bien par l'Académie des sciences que par la Société d'encouragement pour l'industrie nationale, n'a pu encore triompher !

C'est pourquoi, Monsieur le Ministre, je prends la liberté de vous faire cette communication et de la recommander à votre patriotisme.

J'ai l'honneur d'être avec le plus profond respect,

Monsieur le Ministre,

De Votre Excellence

Le très humble et très obéissant serviteur.

Constant BEUCHOT.

DIJON, IMP. J.-E. RABUTOT.

www.ingramcontent.com/pod-product-compliance
Lightning Source LLC
Chambersburg PA
CBHW060917050426
42453CB00010B/1777